청소년양육 1

인사말

나를 살리는 큐티, 우리를 살리는 고백

　'THINK 청소년양육'은 지식을 쌓기 위한 성경 공부가 아니라 자신의 가치관을 바꾸는 훈련이에요. THINK 청소년양육의 핵심은 '구속사로 성경을 읽어 가는 큐티'를 배우는 데 있어요. '구속사'란 내 죄를 위해 죽어 주신 예수님의 이야기예요. 구속사로 성경을 읽는다는 것은 성경을 단순히 윤리와 도덕 이야기가 아니라 성부, 성자, 성령 하나님께서 나의 구원과 거룩을 위해 행하시는 이야기로 읽는 것을 말해요. 우리의 구원과 거룩을 바라시는 하나님의 뜻대로 성경을 읽고 하나님의 마음을 배우는 훈련이 큐티랍니다. 주님을 알기 전에 우리는 자기중심적인 생각을 하죠. 사건마다, 사람마다 자기 입장에서 생각하기에 다른 사람을 이해하지 못하고, 원망과 불평의 올무에 갇히기 쉬워요. 그러나 주님은 나 한 사람의 구원을 위해 이 세상의 모든 환경을 움직이셨을 뿐만 아니라 오랜 시간 기다려 주시고 자신의 생명까지 내어 주셨어요. 이런 주님을 만나게 된 사람은 매 순간 '예수님이라면 나와 같은 상황에서 어떻게 하실까?' 하고 생각하게 됩니다.

　'생각'(think)을 잘못하면 '가라앉게'(sink) 되고, '탱크'(tank)처럼 자기 열심으로 밀어붙이게 되지요. 내 생각에 치우치지 않고 예수님처럼 생각하려면 말씀으로 오신 주님을 만나야 해요. 큐티는 말씀 묵상을 통해 내 생각과 욕심을 가지치기하는 훈련이에요. 성경을 구속사적인 관점으로 보면서 아브라함을 비롯한 수많은 믿음의 조상의 삶에 나를 비추어 보는 것이죠. 그러면서 자신의 죄를 발견하고 주님의 은혜 없이는 살 수 없는 존재임을 깨달으며, 매일 새롭게 거룩한 사람으로 창조해 가는 신앙 훈련이에요. '생각'(think)을 바르게 하면, 어떤 환경에서도 '감사'(thank)가 나오고, 큐티의 궁극적인 목적인 영혼 구원의 사명을 발견하는 데까지 이르게 된답니다.

이렇게 말씀 앞에 겸손히 자신을 직면하고 하나님의 주권을 인정하면 나의 구원을 위해 어떤 것도 버릴 것이 없음을 깨닫게 되지요. 말씀 안에서 '나'와 다른 '너'를 이해하고 받아들이며, 상대방의 사건을 주님의 마음으로 깊이 깨닫고, 십자가 지는 사랑으로 나아갈 수 있어요. 이렇게 영혼 구원을 목적으로 이타적인 삶을 소망하는 사람들이 모인 공동체는 은혜와 구원의 통로로 쓰임받게 된답니다.

'THINK 청소년양육'을 통해 체득하게 될 큐티는 다음과 같아요. 하나님의 구속사로 성경을 차례대로 읽어 가는 큐티, 프로그램이 아닌 날마다 해야 하는 삶의 과정인 큐티, 내 죄를 보는 큐티, 십자가를 길로 놓는 큐티, 나의 약재료로 다른 사람을 살리는 큐티, 죄 고백이 능력임을 경험하는 큐티, 환난당하고 빚지고 원통한 자들과 함께하는 큐티, 공동체를 거룩하게 하는 큐티, 인생의 목적은 행복이 아니라 거룩임을 깨닫는 큐티, 내게 일어난 사건을 말씀으로 해석하는 큐티, 질서에 대한 순종을 배우는 큐티, 한 영혼의 소중함을 깨닫는 큐티, 끼리끼리 공동체에서 사명 공동체로 나아가게 하는 큐티, 이타적인 삶을 가능하게 하는 큐티, 인간에 대한 이해가 깊어지는 큐티, 남녀의 구조와 역할을 깨닫게 하는 큐티, 하나님 앞에 정직한 청소년으로 살아가는 큐티, 옳고 그름의 문제가 아님을 깨닫게 하는 큐티, 하나님 안에서 나의 가정을 사랑하고 지키는 큐티, 구속사의 시각으로 사람(사건)을 보게 하는 큐티랍니다.

'THINK 청소년양육'은 지식을 쌓기 위한 성경 공부가 아닙니다. 가치관을 바꾸는 훈련이죠. THINK 청소년양육의 핵심은 '구속사로 성경을 읽어 가는 큐티'를 배우는 데 있어요. THINK 청소년양육은 각 과마다 'THINK'의 원리로 진행됩니다.

첫 번째 단계는 '마음 열기'(Telling, 텔링)입니다.

THINK의 첫 시작, 마음 열기는 예수님을 초청하는 시간! 내 삶이 예수님과 어떤 연관이 있는지 생각해 보면서 마음 문을 열어 보세요. 예수님은 의인을 찾으러 오신 것이 아니라 죄인을 부르려고 오셨어요. 예수님을 초청한다는 것은 내 죄를 고백하는 것이기도 해요. 또한 주일 설교 말씀을 되새기면서 나를 찾아오신 주님께 마음을 열고 내 생각을 고백해 보세요.

두 번째 단계는 '말씀 읽기'(Holifying, 홀리파잉)입니다.

우리는 스스로 거룩해질 수 없어요. 오직 말씀이신 예수님(요1:14)을 만나야만 삶이 거룩해질 수 있죠. 매주 주제 큐티 말씀을 묵상할 때, 내가 성경을 읽는 것이 아니라 본문 말씀이 나를 읽고 지나갈 수 있도록 성령의 감동을 구하는 것이 중요해요(딤후3:16).

세 번째 단계는 '해석하기'(Interpreting, 인터프리팅)입니다.

내가 예수님을 영접했어도 지금껏 살아온 방식이 있기에 '내 생각'으로 예수님을 만나려는 모습이 있어요. 그러나 내 생각에 예수님의 생각을 맞추는 것이 아니라 나를 만나 주신 예수님의 생각을 알아보아야 해요. 말씀을 구속사로 해석하는 것은 '옳고 그름'을 논하는 것이 아니라 '하나님의 관점, 곧 구원의 관점'으로 성경을 보는 것이죠. 매 과의 '구속사로 생각하기'는 성경을 구속사적인 관점으로 보는 데 큰 도움이 될 거예요.

네 번째 단계는 '돌아보기'(Nursing, 널싱)입니다.

말씀으로 주님을 만나고, 하나님의 관점으로 말씀을 해석한 다음에는 스스로 말씀을 깨닫는 훈련을 해야 해요. 주제 도서를 읽고 독후감을 쓰는 동안 매 과의 주제가 좀 더 명확해질 거예요. 깨달은 말씀에 비추어 자신을 돌아보고, 더 나아가 지체와 공동체를 돌아보게 되죠. 내가 먼저 양육이 되면 손과 발, 시간과 재물이 가는 '적용'을 하게 되고, 다른 사람을 돌보며 공동체를 섬기는 데까지 나아가게 됩니다.

마지막 단계는 '살아내기'(Keeping, 키핑)입니다.

깨달은 말씀을 마음에 새기고 구체적이고 실제적으로 살아갈 때, 자신과 가정, 공동체를 지킬 수 있어요. 일주일간 《청소년 큐티인》(큐티엠 발행 격월간 QT지)을 활용하여 큐티를 하고, 매주 주제에 맞는 생활 숙제를 하다 보면 삶의 변화를 경험하게 될 거예요. 이렇게 날마다 큐티를 하면서 그날그날의 말씀으로 살아가고, 말씀을 지키는 삶이야말로 가정과 공동체를 지켜 나가는 삶입니다.

THINK 청소년양육은 성경 지식을 가르치고 배우는 시간이 아니라 서로의 삶을 나누고 예수 그리스도를 본받는 훈련이에요. 신앙고백으로 시작해 하나님, 예수님, 성령님에 대해 생각하고 나누며, 하나님 자녀로서의 삶을 실제적으로 배우면서 자기 자신을 직면하게 되죠. THINK 청소년양육을 통해 큐티와 기도 생활, 예배 생활이 자연스럽게 삶에 녹아들어서 말씀으로 믿고 살고 누리는 여러분이 되시기를 바랍니다.

큐티엠 대표
김양래

THINK 청소년양육 1 지침

1. **THINK** 청소년양육은 성경 지식을 가르치고 배우는 시간이 아니라 믿음의 관계 안에서 말씀으로 삶을 나누고 예수 그리스도를 본받는 훈련이에요. 가장 중요한 것은 관계의 질서에 순종하는 것입니다. 양육해 주시는 선생님의 말씀에 순종하세요.^^

2. 교재를 미리 읽고, 주제 큐티 본문을 충분히 묵상한 뒤 양육에 참여하세요.

3. 양육 기간에는 큐티와 기도 생활, 생활 예배를 결단하고 습관화해야 합니다. 하루의 시작뿐 아니라 모든 시작과 끝에 말씀 묵상이 있어야 합니다. 내게 약속하신 말씀이 이루어지는 THINK 청소년양육이 되기를 기도하세요.

4. 자신의 연약함을 감추려 하지 말고 진솔하게 나누세요. 주님이 말씀하시는 어떤 말씀도 겸손하게 받아들일 수 있도록 기도하고 공동체에 나누며 하나님의 도우심을 구하세요.

5. 늘 시간을 엄수하기 바랍니다. 시간의 주인은 예수님입니다. 시간을 소홀히 여기는 것은 예수님을 가벼이 여기는 것이에요.

6. 양육 중에는 말씀 나눔 외에 다른 어떤 것에도 마음을 빼앗기지 않도록 주의해야 합니다. 휴대폰은 꺼 두거나 진동으로 해 두고 양육에 집중해 주세요.

7. 양육 기간 중에 주어진 과제를 성실하게 해 주세요. 양육에 최선을 다하는 만큼 나의 가치관도 말씀과 가까워집니다.

차례

인사말 • 2

THINK 청소년양육 1 지침 • 6

01 창조: 보시기에 좋았더라 (창 1:1-5, 26-31) • 10

02 인간의 타락과 그 결과: 100% 죄인인 인간 (롬 3:9-20) • 20

03 구속: 영혼 구원을 위한 십자가 (요 19:17-30) • 30

04 부활: 나는 죽고 주가 살고 (마 28:1-10) • 42

05 죄 고백: 나를 살리는 회개 (삼하 12:13-31) • 52

※ 일부 주제 큐티 예시 필자의 이름은 본인의 요청으로 필명을 사용했음을 밝힙니다.

06 믿음: 구원에 이르는 믿음 (막 5:25-34) • 64

07 큐티: 날마다 촉촉이 적셔 주는 이슬비 (사 6:1-13) • 74

08 간증: 신앙고백과 간증 (눅 5:1-11) • 86

과제물 점검표 '하나님 앞에서' • 96

THINK 청소년양육 1 과제목록표 • 98

성구 암송 • 99

01
창조

보시기에 좋았더라

THINK

01 | 창조
- 보시기에 좋았더라

마음 열기 Telling
마음을 열고 생각을
나누는 시간

- 내가 만든 장난감 중 가장 마음에 들었던 것은 무엇인가요?
- 지난 주일의 설교를 듣고 느낀 점을 나눠 보세요.

말씀 읽기 Holifying
주님을 만나는 묵상의 시간

하나님은 혼돈, 공허, 흑암 속에서 말씀으로 세상을 창조하시고 빛과 어둠을 나누시며 "보시기에 좋았더라"고 말씀하셨습니다. 말씀을 묵상하다 보면 무엇이 보시기에 좋은 것인지, 그것을 어떻게 구별해야 하는지 구체적으로 알 수 있습니다. '보시기에 좋았더라'의 삶은 말씀을 듣는 삶입니다. 연약한 내가 말씀을 붙들고 갈 때, 하나님은 혼돈하고 공허한 나의 삶에 빛을 비춰 주십니다. 이러한 하나님의 도우심으로 각자의 자리에서 하나님의 말씀을 토대로 창조사역을 이루어 가야 합니다.

주제 본문

창세기 1:1-5, 26-31

1 태초에 하나님이 천지를 창조하시니라 2 땅이 혼돈하고 공허하며 흑암이 깊음 위에 있고 하나님의 영은 수면 위에 운행하시니라 3 하나님이 이르시되 빛이 있으라 하시니 빛이 있었고 4 빛이 하나님이 보시기에 좋았더라 하나님이 빛과 어둠을 나누사 5 하나님이 빛을 낮이라 부르시고 어둠을 밤이라 부르시니라 저녁이 되고 아침이 되니 이는 첫째 날이니라…… 26 하나님이 이르시되 우리의 형상을 따라 우리의 모양대로 우리가 사람을 만들고 그들로 바다의 물고기와 하늘의 새와 가축과 온 땅과 땅에 기는 모든 것을 다스리게 하자 하시고 27 하나님이 자기 형상 곧 하나님의 형상대로 사람을 창조하시되 남자와 여자를 창조하시고 28 하나님이 그들에게 복을 주시며 하나님이 그들에게 이르시되 생육하고 번성하여 땅에 충만하라, 땅을 정복하라, 바다의 물고기와 하늘의 새와 땅에 움직이는 모든 생물을 다스리라 하시니라 29 하나님이 이르시되 내가 온 지면의 씨 맺는 모든 채소와 씨 가진 열매 맺는 모든 나무를 너희에게 주노니 너희의 먹을 거리가 되리라 30 또 땅의 모든 짐승과 하늘의 모든 새와 생명이 있어 땅에 기는 모든 것에게는 내가 모든 푸른 풀을 먹을 거리로 주노라 하시니 그대로 되니라 31 하나님이 지으신 그 모든 것을 보시니 보시기에 심히 좋았더라 저녁이 되고 아침이 되니 이는 여섯째 날이니라

해석하기 Interpreting
구속사로 생각하기

1. 창조란 '온전히 스스로 찾아내어 문제를 해결해 나가는 작업'입니다. 이 해결 과정에서 성부 하나님의 창조 사역이 나를 도우시고, 성자 하나님이 하나님의 뜻을 나타내시며, 성령 하나님이 효과적으로 도와주십니다.

2. 하나님의 말씀을 읽고, 듣고, 묵상하는 인생이 '보시기에 좋았더라'의 인생입니다. 참 빛이신 예수님을 보며 내 죄를 보는 인생이 '보시기에 좋았더라'의 인생입니다. 낮아지는 고난의 환경 속에서도 하늘을 보며 기도하는 인생이 '보시기에 좋았더라'의 인생입니다.

3. 하나님이 복 주시는 삶은 어떤 환경과 처지에서도 복음으로 번성하며 충만한 삶입니다. 내 힘이 아닌 예배를 통해 생육하고 번성하며 충만한 삶입니다. 차별하지 않고 섬기며 하나님의 형상대로 사는 삶입니다. 하나님이 허락하신 관계와 질서 속에서 정복하고 다스리는 삶입니다.

주제 본문 큐티 예시

창세기 1:1-5, 26-31

나를 창조하신 하나님   고3 김여로

본문요약

땅이 혼돈하고 질서가 없을 때 하나님은 말씀으로 천지를 창조하십니다. 어두움과 빛을 나누시고, 빛을 낮이라고, 어두움을 밤이라고 부르시며 하나님이 보시기에 좋았다고 말씀하십니다. 이것이 첫날 행하신 하나님의 창조 사역입니다. 또한 하나님은 자신의 형상대로 인간을 만드시고, 인간에게 지으신 모든 것을 다스리도록 하셨습니다. 인간과 동물에게 식물을 먹을거리로 허락하시고, 창조하신 모든 것을 보시며 심히 좋아하셨습니다.

질문하기

1. 왜 하나님은 혼돈하고, 공허하고, 흑암이 깊은 땅 위를 운행하셨을까요? (2절)
2. 왜 하나님은 사람을 창조하시고 심히 좋았더라고 말씀하셨을까요? (31절)

묵상하기

"너희 집에 엄마 안 계시니? 깨워 줄 사람 없어? 그러니까 공부도 못하지. 너 같은 아이는 사회에 나가면 욕만 먹어!" 고2 때 담임선생님은 제가 지각할 때마다 도가 지나치게 혼내곤 하셨습니다. 그런데 문제는 그 선생님이 또다시고3 담임선생님이 되셨다는 것입니다. 한번은 제가 반에서 부장 선거를 나갔는데 "쟤는 매일 지각하는데 뭘 할 수 있겠어?"라고 하시며 아이들 앞에서 망신을 주셨습니다. 입학사정관 전형으로 대학 원서를 쓰고 싶다고 말씀드리니 "넌 내세울 것도 없잖아. 무조건 탈락이야. 돈 낭비하고 싶으면 써!" 하셨습니다. 어떤 때는 다른 선생님들에게 제 성적과 저와 상담한 내용을 떠벌리시며 "기본도 되어 있지 않다"는 말씀도 하셨습니다. 처음에는 그런 선생님의 인성을 비하했고, 무능력하다고 여겼습니다.

그런데 시간이 갈수록 '내가 정말 그것밖에 안 되나?'라는 생각이 들었습니다. 집에서도 "넌 좋은 대학에 못 간다", "성격도 더럽고, 음식만 축낸다"는 무시를 당하니 더욱 기운이 빠집니다. 그리고 저보다 힘든 고난 속에서 꿋꿋이 버티는 교회 친구들을 보니 늘 불평하고 가족 욕만 하는 저 자신이 한심하기도 합니다. 제가 어떤 모습이든지 하나님은 늘 저를 사랑하시고, 저를 향한 하나님의 계획이 있다는 것을 믿지만 이렇게 무기력하고 열심히 신앙생활하지 않는 저 때문에 그 계획이 무산되는 건 아닐까 두렵습니다. 교회에 다니면서 세상에서도 인정받는 친구들을 보면 '저런 아이들을 쓰시겠구나……' 하는 맘에 주눅이 들기도 합니다.

하나님이 천지를 창조하셨습니다(1절). 천지창조는 무에서 유를 창조하신 하나님의 놀라운 사역이며, 모든 우주 만물에는 창조자 하나님의 뜻이 숨겨져 있다고 하십니다. 아무것도 없는 상황에서 새로운 것을 만드신 하나님이시니 부족하고 연약한 저도 새롭게 하실 것을 믿으라고 하십니다. 또한 하나님이 지으신 내가 얼마나 거룩한 존재인지 알라고 말씀하십니다.

하나님의 자녀이지만 공부도 제대로 못하고, 잘난 것 하나 없는 제 모습을 볼 때마다 열등감에 괴로웠고 주변 사람들의 무시가 해석되지 않았습니다. 스스로 '실패한 인생 같다'는 생각에 혼란스럽기도 했습니다. 하나님은 세상을 말씀으로 창조하셨는데, 제 안에 말씀이 없어 제 생각으로만 스스로를 판단했기에 제가 얼마나 거룩한 존재인지 몰랐습니다. 그러나 본문 말씀을 묵상하며 하나님이 저를 위해 수많은 계획을 준비하셨을 거라는 확신이 듭니다. 이제 하나님을 도와 말씀을 듣고 따름으로 삶 속에서 생명을 창조하는 제가 되겠습니다.

적용하기

- 언니가 저를 무시하더라도 화내지 않겠습니다.
- 거울을 보며 "나는 하나님이 창조하신 심히 보기 좋은 사람이야"라고 말하겠습니다.

기도하기

말씀으로 세상을 창조하신 하나님 아버지, 그 전능하심을 믿습니다. 아직도 하나님의 창조를 믿지 않는 세상 사람들에게 창조주 하나님을 전하는 제가 되겠습니다.

돌아보기 Nursing
주제 도서 읽고 나누기

- 『천로역정』(존 버니언, 포이에마, 2011) 1-3장을 읽고 독후감을 작성해 보세요.

살아내기 Keeping
한 주의 실천 과제와 매일 큐티

- '하나님이 보시기에 좋았더라'의 삶을 위해 학생으로서, 자녀로서 이번 한 주 동안 적용해야 할 것을 구체적으로 적고 지켜 보세요.
- 이번 한 주 큐티를 하며 기억나는 말씀을 나눠 보세요.

성구 암송과 교리 요약

하나님이 지으신 그 모든 것을 보시니 보시기에 심히 좋았더라 저녁이 되고 아침이 되니 이는 여섯째 날이니라 **창세기 1:31**

하나님의 창조 사역이 나를 도우시고, 예수님이 하나님의 뜻을 나타내시며, 성령님이 효과적으로 도와주십니다. 하나님의 말씀을 통해 내 죄를 보는 인생이 '보시기에 좋았더라'의 인생입니다. 어떤 환경과 처지에서도 복음으로 번성하며 충만한 삶이 복된 삶입니다.

02
인간의 타락과 그 결과

100% 죄인인 인간

THINK

02 인간의 타락과 그 결과
- 100% 죄인인 인간

마음 열기 | Telling
마음을 열고 생각을 나누는 시간

- 지금까지 본 영화나 드라마, 애니메이션 중에서 최고로 나쁜 악당은 누구였나요?
- 지난 주일의 설교를 듣고 느낀 점을 나눠 보세요.

말씀 읽기 | Holifying
주님을 만나는 묵상의 시간

돈 없는 사람을 가난하다고 말합니다. 건강을 잃은 사람을 환자라고 표현합니다. 배우지 못해 아는 것이 없는 사람을 무식하다고 말합니다. 마찬가지로 죄를 지은 사람은 죄인이라고 말합니다. 하나님은 계속해서 인간을 죄인이라고 말씀하십니다. 인간은 100% 죄인입니다. 그 누구도 죄의 영향력을 피해 갈 수는 없습니다. 혹시 나는 아직도 죄인이 아니라고 생각하지는 않나요? 말씀 뚫고 들어가야만 하나님 앞에서 내가 죄인이라는 사실이 깨달아집니다.

주제 본문

로마서 3:9-20

9그러면 어떠하냐 우리는 나으냐 결코 아니라 유대인이나 헬라인이나 다 죄 아래에 있다고 우리가 이미 선언하였느니라 10기록된 바 의인은 없나니 하나도 없으며 11깨닫는 자도 없고 하나님을 찾는 자도 없고 12다 치우쳐 함께 무익하게 되고 선을 행하는 자는 없나니 하나도 없도다 13그들의 목구멍은 열린 무덤이요 그 혀로는 속임을 일삼으며 그 입술에는 독사의 독이 있고 14그 입에는 저주와 악독이 가득하고 15그 발은 피 흘리는 데 빠른지라 16파멸과 고생이 그 길에 있어 17평강의 길을 알지 못하였고 18그들의 눈 앞에 하나님을 두려워함이 없느니라 함과 같으니라 19우리가 알거니와 무릇 율법이 말하는 바는 율법 아래에 있는 자들에게 말하는 것이니 이는 모든 입을 막고 온 세상으로 하나님의 심판 아래에 있게 하려 함이라 20그러므로 율법의 행위로 그의 앞에 의롭다 하심을 얻을 육체가 없나니 율법으로는 죄를 깨달음이니라

해석하기 | Interpreting
구속사로 생각하기

1. 바울은 100% 유죄 선고를 받은 우리가 반박할 수 없도록 '기록된 바', 즉 성경 말씀으로 우리의 죄를 확인시켜 줍니다. 자기가 죄인인 것을 아는 사람은 소망이 있습니다. 그는 과거와 현재, 미래에도 '나는 장담할 수 없는 죄인'임을 알고, 자기 죄를 뉘우치며 아파하는 사람이기 때문입니다.

2. 죄의 어원에는 '과녁을 빗나가다'라는 뜻이 있습니다. 어느 쪽으로든 치우치는 것이 죄의 특징입니다. 진리를 떠난 인간은 이미 죽은 자와 같습니다. 진리를 떠났으니 무엇이 옳고, 그르고, 유익한지를 판단할 수 없기 때문입니다. 진리인 말씀을 삶의 기준으로 삼는 것만이 내가 사는 길입니다.

3. 율법은 내가 하나님이 원하시는 수준에 도달할 수 없음을 알려 줍니다. 또한 나는 아무것도 할 수 없는 죄인임을 보여 줍니다. 내가 죄인이라는 사실을 입으로만 고백하지 말고, 내 죄가 얼마나 참혹한지 두려워하며 아파해야 합니다. 내 힘으로 의로워지겠다는 다짐까지도 죄임을 인정하는 것이 내가 100% 죄인임을 고백하는 것입니다.

주제 본문 큐티 예시

로마서 3:9-20

죄인인 줄도 모르고 고3 윤 산

본문 요약

사도 바울은 유대인이나 헬라인이나 모두 죄 아래 있다고 말하며 '의인은 없나니 하나도 없다'는 성경 말씀을 인용합니다. 율법의 행위로는 하나님 앞에서 의롭다고 인정받을 사람이 없습니다. 율법으로는 내가 죄인이라는 사실을 깨닫게 될 뿐입니다.

질문하기

1. 왜 율법은 죄를 깨닫게 한다고 했을까요? (20절)
2. 왜 그 입에는 저주와 악독이 가득하다고 했을까요? (14절)

묵상하기

"그러므로 율법의 행위로 그의 앞에 의롭다 하심을 얻을 육체가 없나니 율법으로는 죄를 깨달음이니라"(20절). 율법은 '자기 죄'를 깨닫고 회개하게 하는 기준이라고 합니다. 하지만 도리어 저는 나 자신은 의롭게 여기고, 율법으로는 타인을 판단하고 정죄했습니다.

특히 제가 판단하는 대상은 예수님을 믿으면서도 올바르게 행동하지 못하는 사람들입니다. 교회에 다니면서 학습 분위기를 흐리거나 폭력을 일삼는 친구, 채플 시간에 열심히 찬양하다가 예배가 끝나면 음란한 말을 일삼는 친구 등등……. 저는 그런 친구들을 볼 때마다 '저렇게 행동하면 믿지 않는 친구들이 어떻게 생각할까?' 하며 속으로 비난했습니다. 교목 선생님도 제 정죄를 빗겨갈 수 없었습니다. 저는 교목 선생님의 설교말씀에 툭하면 딴지를 걸면서 '저렇게 설교하시면 안 돼, 너무 기복적인 설교야' 하며 제 잣대로 교목 선생님을 무시하곤 했습니다. 불쌍한 이웃을 도와야 한다고 말씀하시면서 정작 고급 외제차를 타고 다니시는 선생님의 모순된 모습도 싫었습니다.

그런데 매일을 이런 마음으로 살다 보니 언제부턴가 큐티를 해도, 예배를 드려도 은혜를 받지 못했습니다. 도대체 왜 하나님이 저를 만나 주지 않으시는지 이유를 알 수 없어서 더 열심히 큐티하고 예배하며 의로운 행위로 포장했지만 달라지는 것은 없었습니다. 그러다 야한 동영상을 보는 것과 같은 죄에 무너지기라도 하면 극한 정죄감에 싸여서 더더욱 의롭게 행동하는 것으로 죄책감을 덮으려 했습니다.

이런 저를 바로잡아 준 것은 교회 공동체였습니다. 교회 선생님은 제게 "율법에만 매여 있지 말고, 먼저 말씀으로 너의 모습을 회개하라"고 조언하셨습니다. 선생님의 말씀에 곰곰이 저를 돌아보니, '의인은 없나니 하나도 없다'(10절)는 말씀처럼 저 역시 죄인이었습니다. 야한 동영상을 서로 공유하는 친구들을 비난했지만 사실 저도 매일 밤 음란한 생각을 즐겼고, 교목 선생님을 물질주의적이라고 비판했지만 저 역시 성공과 재물을 추구했습니다.

누구보다 악한 죄인인 줄도 모르고 율법으로 타인을 판단하기만 했던 제 모습을 회개하고 싶습니다. 말씀과 교회 공동체를 통해 참된 길로 인도해 주시는 하나님께(4절) 감사드리며, 말씀으로 내 죄를 먼저 회개하는 그 한 사람이 되기를 소망합니다.

적용하기
- 친구들이 판단될 때 '나도 죄인이오'를 마음속으로 외치겠습니다.
- 큐티할 때 회개할 점을 적어 보겠습니다.

기도하기
의인은 하나도 없다고 하는데 스스로 의롭다 여기며 다른 사람을 판단하고 정죄했던 저를 용서해 주세요. 의인이 하나도 없는 세상에서 말씀으로 깨어서 거룩한 삶을 사는 제가 되도록 도와주세요.

돌아보기 | Nursing
주제 도서 읽고 나누기

- 『천로역정』(존 버니언, 포이에마, 2011) 4-7장을 읽고 독후감을 작성해 보세요.

살아내기 | Keeping
한 주의 실천 과제와
매일 큐티

- 내가 흔히 범하는 죄의 목록을 생각나는 대로 모두 적어 보세요. 그것들을 끊어 내고자 어떻게 적용할지 구체적으로 쓰고 보이는 곳에 붙여 보세요.
- 이번 한 주 큐티를 하며 기억나는 말씀을 나눠 보세요.

성구 암송과 교리 요약

10 기록된 바 의인은 없나니 하나도 없으며 **11** 깨닫는 자도 없고 하나님을 찾는 자도 없고 **12** 다 치우쳐 함께 무익하게 되고 선을 행하는 자는 없나니 하나도 없도다 **로마서 3:10-12**

죄의 어원이 '과녁을 빗나가다'인 것처럼 어느 쪽으로든 치우치는 것이 죄입니다. 율법은 내가 하나님이 원하시는 수준에 도달할 수 없는 죄인임을 알려 줍니다. 내 죄가 얼마나 참혹한지 두려워하고 아파하며 100% 죄인임을 고백하는 사람은 소망이 있습니다.

03

구속

영혼 구원을 위한 십자가

THINK

03 | 구속
– 영혼 구원을 위한 십자가

마음 열기 | Telling
마음을 열고 생각을 나누는 시간

- '희생의 아이콘' 하면 생각나는 사람은 누구인가요?
- 지난 주일의 설교를 듣고 느낀 점을 나눠 보세요.

말씀 읽기 | Holifying
주님을 만나는 묵상의 시간

예수님은 온 인류의 영혼 구원을 위해 십자가를 지셨습니다. 죄가 없으신 분이 온갖 수치와 조롱을 당하며 나의 죄를 대신 짊어지고 십자가 위에서 돌아가셨습니다. 예수님이 이 땅에 오신 이유는 오직 하나 '영혼 구원'입니다. 예수님을 닮는다는 것은 영혼 구원을 위해 살아간다는 것을 뜻합니다. 잘 먹고 잘사는 것을 인생의 목적으로 삼지 않고 내 삶의 모든 말과 행동의 초점을 영혼 구원에 맞추는 것입니다.

주제 본문

요한복음 19:17-30

17 그들이 예수를 맡으매 예수께서 자기의 십자가를 지시고 해골(히브리 말로 골고다)이라 하는 곳에 나가시니 18 그들이 거기서 예수를 십자가에 못 박을 새 다른 두 사람도 그와 함께 좌우편에 못 박으니 예수는 가운데 있더라 19 빌라도가 패를 써서 십자가 위에 붙이니 나사렛 예수 유대인의 왕이라 기록되었더라 20 예수께서 못 박히신 곳이 성에서 가까운 고로 많은 유대인이 이 패를 읽는데 히브리와 로마와 헬라 말로 기록되었더라 21 유대인의 대제사장들이 빌라도에게 이르되 유대인의 왕이라 쓰지 말고 자칭 유대인의 왕이라 쓰라 하니 22 빌라도가 대답하되 내가 쓸 것을 썼다 하니라 23 군인들이 예수를 십자가에 못 박고 그의 옷을 취하여 네 깃에 나눠 각각 한 깃씩 얻고 속옷도 취하니 이 속옷은 호지 아니하고 위에서부터 통으로 짠 것이라 24 군인들이 서로 말하되 이것을 찢지 말고 누가 얻나 제비 뽑자 하니 이는 성경에 그들이 내 옷을 나누고 내 옷을 제비 뽑나이다 한 것을 응하게 하려 함이러라 군인들은 이런 일을 하고 25 예수의 십자가 곁에는 그 어머니와 이모와 글로바의 아내 마리아와 막달라 마리아가 섰는지라 26 예수께서 자기의 어머니와 사랑하시는 제자가 곁에 서 있는 것을 보시고 자기 어머니께 말씀하시되 여자여 보소서 아들이니이다 하시고 27 또 그 제자에게 이르시되 보라 네 어머니라 하신대 그 때부터 그 제자가 자기 집에 모시니라 28 그 후에 예수께서 모든

일이 이미 이루어진 줄 아시고 성경을 응하게 하려 하사 이르시되 내가 목마르다 하시니 29 거기 신 포도주가 가득히 담긴 그릇이 있는지라 사람들이 신 포도주를 적신 해면을 우슬초에 매어 예수의 입에 대니 30 예수께서 신 포도주를 받으신 후에 이르시되 다 이루었다 하시고 머리를 숙이니 영혼이 떠나가시니라

해석하기 | Interpreting
구속사로 생각하기

1. 십자가를 진다는 것은 끝까지, 완전히 죽는 것을 의미합니다. 그것이 십자가의 완결편입니다. 십자가를 거의 다 졌다는 것은 없습니다. 십자가에서 완전히 죽어야 십자가를 지는 것입니다. '해골'이라 하는 골고다, 즉 죽음의 현장까지 가야 합니다.

2. 예수님이 '유대인의 왕'이라는 죄패를 붙이고 가신 것처럼 날마다 나의 죄패를 붙이고 죄를 회개하면서 가야 합니다. 내가 회개한 죄목만이 가장 큰 영광으로 바뀝니다. 몸소 수치와 조롱을 받으신 예수님을 따라 십자가를 복으로 여기며 날마다 죄를 고백해야 합니다.

3. 주님이 수많은 기적을 베푸신 것은 마지막에 지실 십자가를 위해서였습니다. 그것이 '영혼 구원'을 이루시려는 하나님의 뜻이었습니다. 엄청난 고난을 이기고 인간 승리를 이루었다 해도, 인간의 가장 큰 기쁨은 하나님을 알고 그분의 뜻을 이루어 드리는 것입니다.

주제 본문 큐티 예시

요한복음 19:17-30

불편한 친구

고2 정예진

본문요약

예수님이 십자가에 못 박히십니다. 빌라도가 '나사렛 예수 유대인의 왕'이라는 패를 써서 십자가 위에 붙이자, 대제사장이 "자칭 유대인의 왕이라고 고치라"며 비난합니다. 군인들은 예수님의 옷을 제비 뽑으며 끝까지 예수님을 조롱합니다. 그러나 예수님의 십자가 곁에는 그분을 사랑한 여인과 제자도 있습니다. 예수님은 "다 이루었다"고 말씀하시고 영혼이 떠나가십니다.

질문하기

1. 왜 예수님은 해골이라는 뜻의 골고다 언덕까지 십자가를 지고 가셨을까요? (17절)
2. 왜 빌라도는 '유대인의 왕'이라는 죄패를 써서 십자가에 붙였을까요? (19절)

묵상하기

예수님이 인류의 구원을 위해 십자가를 지시고 골고다 언덕에 나가시는 말씀을 묵상하며, 제가 예수님을 따라서 지고 나가야 할 십자가는 무엇일까 생각해 보았습니다. 여러 가지가 있겠지만, 저의 자리에서 믿음의 본을 보이는 것이 가장 중요한 것 같습니다. 기말고사를 앞둔 때였습니다. 고3이 되기 전 마지막

시험이기도 하고, 수험생활이 코앞으로 다가왔다는 생각에 모두가 숨죽여 시험공부에 매진했습니다. 저도 반드시 1등을 하겠다는 마음으로 가득 차 있었습니다. 그때부터 저는 시간을 아끼는 전략에 돌입했습니다. 평소보다 1시간 일찍 일어나고, 저녁도 굶는 등 친구들보다 두세 시간이라도 더 공부하려 애썼습니다.

그런데 그럴수록 신경이 날카로워졌습니다. 친구들이 공부하는 모습을 보면 견제하게 되고, 공부에 집중하고 있을 때 누군가 말을 걸면 신경질이 났습니다. 그날의 계획을 달성하지 못한 날에는 두 배로 예민해져서 이런 행동들이 더 심하게 나타났습니다. 결국 제 짝꿍이 참다못해 "너의 그런 행동과 눈빛이 정말 싫어!"라면서 크게 화를 냈습니다. 짝꿍의 말을 들었을 때 억울함이 밀려왔지만, 교회 소그룹에서 이 일을 나누며 마음을 돌이키게 되었습니다. 교회 선생님이 제가 성적을 우상 삼아서 벌어진 일이라고 깨우쳐 주셨기 때문입니다. 제 죄패는 그래서 '성적 우상'입니다.

예수님이 제 구원을 위해 십자가에 못 박히신 것처럼(18절), 저도 제 자리에서 구원의 사명을 감당해야 하는데 그러지 못했던 것 같습니다. 믿음의 본을 보여야 할 제가 도리어 친구들을 경쟁 상대로 여기며 견제하고 타박한 것입니다. 저는 잔뜩 화가 난 얼굴로 매섭게 공부만 하면서 온몸으로 친구들을 불편하게 만들고 있었습니다. 정말 저의 십자가를 1퍼센트도 지지 못했던 것 같습니다. 이제는 어디에서나 예수님을 보이는 그리스도의 향기(고후 2:15)가 되기 원합니다. 곧 본격적으로 수험생활이 시작될 텐데, 예수님을 의지해 공부의 십자가와 삶의 십자가를 잘 지고 나아가기를 간절히 기도합니다.

적용하기

- 공부를 핑계로 친구들에게 제멋대로 대하며 신경질 내지 않겠습니다.
- '성적 우상'이라는 죄패를 책상에 붙여 놓고, 볼 때마다 회개하겠습니다.

기도하기

공부한다는 핑계로 성적을 우상 삼고 친구들을 제멋대로 대하며 예민하게 굴었던 것을 회개해요. '성적 우상'이라는 죄패를 달고 회개하는 마음으로 공부하며, 겸손한 삶의 모습으로 복음을 전하는 제가 되도록 도와주세요.

돌아보기 Nursing
주제 도서 읽고 나누기

- 『천로역정』(존 버니언, 포이에마, 2011) 8-11장을 읽고 독후감을 작성해 보세요.

살아내기 Keeping
한 주의 실천 과제와
매일 큐티

- 십자가에 못 박아야 할 나의 죄악 된 모습은 무엇인지 생각해 보고 나눠 보세요.
- 이번 한 주 큐티를 하며 기억나는 말씀을 나눠 보세요.

성구 암송과 교리 요약

예수께서 신 포도주를 받으신 후에 이르시되 다 이루었다 하시고 머리를 숙이니 영혼이 떠나가시니라 **요한복음 19:30**

십자가를 지는 것은 십자가에서 완전히 죽는 것입니다. 몸소 수치와 조롱을 받으신 예수님을 따라 날마다 나의 죄패를 붙이고 죄를 회개하면서 가야 합니다. 하나님의 모든 뜻은 영혼 구원을 향해 있습니다.

MEMO

04
부활

나는 죽고 주가 살고

THINK

04 | 부활
- 나는 죽고 주가 살고

마음 열기 Telling
마음을 열고 생각을
나누는 시간

- 내가 지금까지 경험한 가장 큰 반전은 무엇인가요?
- 지난 주일의 설교를 듣고 느낀 점을 나눠 보세요.

말씀 읽기 Holifying
주님을 만나는 묵상의 시간

예수님의 부활은 큰 지진과 번개와 같은 사건으로 임하지만 무서운 사건이 아니라 나를 거룩하게 하시는 사건입니다. 예수님은 내게 사명을 주시고자 말씀대로 살아나셔서 나를 만나 주십니다. 내게 찾아온 사건이 두렵고 무서워도 말씀을 깨닫고 주님을 만나면 큰 기쁨으로 바뀝니다. 그것이 곧 부활의 사건입니다. 주님이 빌어 주시는 평강을 힘입고, 주님의 발아래 무릎 꿇는 겸손을 가지고 예수님의 부활을 외치는 사명을 감당해야 합니다.

주제 본문

마태복음 28:1-10

1 안식일이 다 지나고 안식 후 첫날이 되려는 새벽에 막달라 마리아와 다른 마리아가 무덤을 보려고 갔더니 2 큰 지진이 나며 주의 천사가 하늘로부터 내려와 돌을 굴려 내고 그 위에 앉았는데 3 그 형상이 번개 같고 그 옷은 눈 같이 희거늘 4 지키던 자들이 그를 무서워하여 떨며 죽은 사람과 같이 되었더라 5 천사가 여자들에게 말하여 이르되 너희는 무서워하지 말라 십자가에 못 박히신 예수를 너희가 찾는 줄을 내가 아노라 6 그가 여기 계시지 않고 그가 말씀 하시던 대로 살아나셨느니라 와서 그가 누우셨던 곳을 보라 7 또 빨리 가서 그의 제자들에게 이르되 그가 죽은 자 가운데서 살아나셨고 너희보다 먼저 갈릴리로 가시나니 거기서 너희가 뵈오리라 하라 보라 내가 너희에게 일렀느니라 하거늘 8 그 여자들이 무서움과 큰 기쁨으로 빨리 무덤을 떠나 제자들에게 알리려고 달음질할새 9 예수께서 그들을 만나 이르시되 평안하냐 하시거늘 여자들이 나아가 그 발을 붙잡고 경배하니 10 이에 예수께서 이르시되 무서워하지 말라 가서 내 형제들에게 갈릴리로 가라 하라 거기서 나를 보리라 하시니라

해석하기 Interpreting
구속사로 생각하기

1. 힘들고 어려운 처지에 있던 막달라 마리아는 곤고한 마음으로 예수님을 보고자 합니다. 그 마음을 아신 하나님은 사람의 힘으로 굴려 내기 힘든 무덤의 돌을 지진으로 굴려 내십니다. 내가 비록 고난 가운데 있더라도 하나님만 바라보면 그분은 내가 감당할 수 없는 무거운 고난의 돌들을 굴려 내시고 부활의 증인이 되게 하십니다.

2. 무덤을 지키던 자들은 부활의 사건을 무서워합니다. 예수님이 무덤에서 나가신 사건은 무서운 사건이 아니라 다시 살아나신 사건입니다. 내 삶에 갑작스러운 사건이 찾아와도 무서워할 것이 아니라 그 사건에서 주님의 부활을 경험하고 거룩을 이루어 가야 합니다.

3. 예수님은 말씀하신 대로 부활하셨습니다. 이제는 그 누우셨던 자리를 보고 빨리 가서 예수님의 부활을 전하는 증인으로 살아야 합니다. 주님은 사명을 위해 달음질하는 자에게 평안을 빌어 주십니다. 주께서 가라고 하시는 사명의 자리에서 주님의 부활을 외치는 것이 증인의 삶입니다.

주제 본문 큐티 예시
마태복음 28:1-10

빈 무덤에서 부활로   중3 이예림

본문요약

안식일 다음 날 막달라 마리아와 다른 마리아가 예수님의 무덤을 보러 갑니다. 그때 지진이 나고 천사가 내려와 "예수님이 여기 계시지 않으니 가서 확인하고 제자들에게 예수님의 부활을 전하라"고 합니다. 여자들이 급히 떠날 때에 예수님이 그들 앞에 나타나십니다.

질문하기

1. 왜 예수님은 다시 살아나셔서 무덤에서 나가셨을까요? (6절)
2. 왜 예수님은 여자들에게 나타나 형제들에게 가서 전하라고 하셨을까요? (10절)

묵상하기

본문의 말씀을 묵상하면서 '왜 나에게 부활의 말씀을 주셨을까' 깊이 생각해 보았습니다. 그러던 중 "그가 여기 계시지 않고 그가 말씀하시던 대로 살아나셨느니라 와서 그가 누우셨던 곳을 보라"(6절) 하시는 말씀을 보며, 문득 예수님이 살아나신 후 남겨진 '빈 무덤'을 묵상하게 되었습니다.

　중학교 3학년으로 올라온 후 몇몇 친했던 친구들이 같은 반이 되었는데, 저를 좋아해 주고 늘 같이 있어 줄 것이라 믿었던 친구들이 언제부턴가 저에게

등을 돌리기 시작했습니다. 그렇게 저는 학기 초 2,3개월을 왕따 아닌 왕따로 지내야 했고, 친구들과의 관계를 다시 회복하는 데에만 집착하며 보냈습니다. 저에겐 늘 친구 관계가 빈 무덤 같았습니다. 항상 친구들에게 인정을 받고 싶었고, 하나님보다 친구들을 더 의지하며 친구들에게서 저의 존재감을 찾으려 했습니다. 그러나 빈 무덤처럼 늘 채워지지 않는 공허함이 있었습니다. 제가 큐티도 하지 않고 온갖 죄에 빠져 살 때마다 하나님은 늘 친구 관계의 문제로 제게 고난을 주시는 것 같았습니다.

그런데 이번 사건을 겪은 후 하나님이 저의 문제를 보게 하셨습니다. 저는 교만함으로 친구들을 제 기준으로 판단하며 제가 사귀고 싶은 친구들과만 어울렸습니다. 친하다는 이유로 배려하지 않고 친구들에게 상처를 주는 말을 서슴없이 하기도 했습니다. 전에는 몰랐는데, 홀로 지내다 보니 제가 친구들에게 했던 행동들이 하나하나 떠오르며 저의 악함을 회개할 수 있었습니다. 저는 오직 어떻게 해야 다시 친구들과 잘 지낼 수 있을지만 고민했는데, 하나님이 저에게 이 빈 무덤과 같은 시간을 허락하셔서 진정한 관계 회복을 이루도록 도우셨습니다. 이 고난이 마리아에게 찾아온 천사처럼(2절) 오히려 부활의 소식이 된 것입니다.

저는 이 일 후, 더 좋은 친구들을 사귈 수 있었습니다. 그리고 저에게 말도 하지 않고 드러나게 싫은 티를 내던 친구들이 이제는 제게 먼저 다가와서 말도 걸고 먹을 것을 함께 나눕니다. 그럴 때마다 부활하신 예수님이 저와 함께하심을 느낍니다. 학기 초에는 살고 싶다는 생각이 들지 않을 정도로 다가올 미래가 어두울 것만 같았는데, 말씀을 묵상하며 하나님의 도우심과 인도하심을 구하니 끝나지 않을 것 같았던 고난도 이겨 내게 해 주셨습니다.

저를 이렇게 살아나게 해 주신 하나님의 은혜에 감사해 이제는 다른 친구들에게도 예수님을 전하려 합니다. 말씀을 꺼리는 친구들이 많아 어려운 점도 많지만 기도하면서 용기를 내어 전도할 때, 친구들도 제가 전하는 하나님을 만나게 될 것을 믿습니다. 부활의 예수님이 저를 살아나게 하셨듯, 제 친구들도 구원해 주시며 진정한 생명을 얻게 하실 것을 소망합니다.

적용하기

- 믿지 않는 친구들에게 《청소년 큐티인》을 선물하며 복음을 전하겠습니다.
- 저의 왕따 사건을 나누며 친구들에게 예수님을 전하겠습니다.

기도하기

하나님, 외롭고 힘든 왕따 사건으로 저를 만나 주셔서 감사해요. 제게 찾아온 갑작스러운 왕따 사건이 무서운 사건이 아니라 저의 거룩을 이루어 가시려는 부활의 사건임을 깨닫게 해 주셔서 감사해요. 이 사건을 친구들에게 나누며 복음을 전하는 제가 되게 해 주세요.

돌아보기 Nursing
주제 도서 읽고 나누기

- 『천로역정』(존 버니언, 포이에마, 2011) 12-15장을 읽고 독후감을 작성해 보세요.

살아내기 Keeping
한 주의 실천 과제와 매일 큐티

- 내 삶에 갑자기 찾아온 두려운 사건은 무엇인가요? 그 사건으로 부활하신 예수님을 어떻게 전할 수 있는지 나눠 보세요.
- 이번 한 주 큐티를 하며 기억나는 말씀을 나눠 보세요.

성구 암송과 교리 요약

5 천사가 여자들에게 말하여 이르되 너희는 무서워하지 말라 십자가에 못 박히신 예수를 너희가 찾는 줄을 내가 아노라 **6** 그가 여기 계시지 않고 그가 말씀 하시던 대로 살아나셨느니라 와서 그가 누우셨던 곳을 보라

마태복음 28:5-6

내 삶에 갑작스럽게 찾아온 고난의 사건은 예수님의 부활을 경험하는 사건입니다. 죽을 것 같은 절망의 순간에도 살 소망을 품을 수 있는 이유는 부활하신 예수님이 나의 주가 되시기 때문입니다. 주께서 보내시는 사명의 자리에서 주의 부활을 외치는 것이 곧 증인의 삶입니다.

05

죄 고백

나를 살리는 회개

THINK

05 | 죄 고백
- 나를 살리는 회개

마음 열기 | Telling
마음을 열고 생각을
나누는 시간

- 다른 사람이 내 잘못을 지적하면 인정을 잘 하나요?
- 지난 주일의 설교를 듣고 느낀 점을 나눠 보세요.

말씀 읽기 | Holifying
주님을 만나는 묵상의 시간

다윗은 정욕을 이기지 못하고 우리아의 아내인 밧세바를 범하여 임신하게 합니다. 이를 감추고자 우리아를 치열한 전장으로 내보내 죽게 하고, 그의 장례를 마치자마자 밧세바를 궁으로 데려와 아내로 삼고 아이를 낳습니다(삼하 11장). 이 일은 하나님 보시기에 악하였고, 하나님은 나단 선지자를 보내 그를 강하게 책망하십니다. 책망받은 다윗은 양심이 되살아나 "내가 여호와께 죄를 범하였노라"고 고백합니다. 양심이 살아난다는 것은 자기 죄를 깨닫고 보게 되는 것입니다. 주 앞에서는 그 무엇도 감출 수가 없습니다. 내가 아무도 보지 않는 곳에서 은밀히 죄를 지었더라도 하나님은 결국 그것을 드러내십니다. 그 하나님 앞에 나의 죄를 진솔히 고백하며 엎드리는 것이 내가 살아나는 길입니다.

주제 본문

사무엘하 12:13-31

13 다윗이 나단에게 이르되 내가 여호와께 죄를 범하였노라 하매 나단이 다윗에게 말하되 여호와께서도 당신의 죄를 사하셨나니 당신이 죽지 아니하려니와 14 이 일로 말미암아 여호와의 원수가 크게 비방할 거리를 얻게 하였으니 당신이 낳은 아이가 반드시 죽으리이다 하고 15 나단이 자기 집으로 돌아가니라 우리아의 아내가 다윗에게 낳은 아이를 여호와께서 치시매 심히 앓는지라 16 다윗이 그 아이를 위하여 하나님께 간구하되 다윗이 금식하고 안에 들어가서 밤새도록 땅에 엎드렸으니 17 그 집의 늙은 자들이 그 곁에 서서 다윗을 땅에서 일으키려 하되 왕이 듣지 아니하고 그들과 더불어 먹지도 아니하더라 18 이레 만에 그 아이가 죽으니라 그러나 다윗의 신하들이 아이가 죽은 것을 왕에게 아뢰기를 두려워하니 이는 그들이 말하기를 아이가 살았을 때에 우리가 그에게 말하여도 왕이 그 말을 듣지 아니하셨나니 어떻게 그 아이가 죽은 것을 그에게 아뢸 수 있으랴 왕이 상심하시리로다 함이라 19 다윗이 그의 신하들이 서로 수군거리는 것을 보고 그 아이가 죽은 줄을 다윗이 깨닫고 그의 신하들에게 묻되 아이가 죽었느냐 하니 대답하되 죽었나이다 하는지라 20 다윗이 땅에서 일어나 몸을 씻고 기름을 바르고 의복을 갈아입고 여호와의 전에 들어가서 경배하고 왕궁으로 돌아와 명령하여 음식을 그 앞에 차리게 하고 먹은지라 21 그의 신하들이 그에게 이르되 아이가 살

앉을 때에는 그를 위하여 금식하고 우시더니 죽은 후에는 일어나서 잡수시니 이 일이 어찌 됨이니이까 하니 22이르되 아이가 살았을 때에 내가 금식하고 운 것은 혹시 여호와께서 나를 불쌍히 여기사 아이를 살려 주실는지 누가 알까 생각함이거니와 23지금은 죽었으니 내가 어찌 금식하랴 내가 다시 돌아오게 할 수 있느냐 나는 그에게로 가려니와 그는 내게로 돌아오지 아니하리라 하니라 24다윗이 그의 아내 밧세바를 위로하고 그에게 들어가 그와 동침하였더니 그가 아들을 낳으매 그의 이름을 솔로몬이라 하니라 여호와께서 그를 사랑하사 25선지자 나단을 보내 그의 이름을 여디디야라 하시니 이는 여호와께서 사랑하셨기 때문이더라 26요압이 암몬 자손의 랍바를 쳐서 그 왕성을 점령하매 27요압이 전령을 다윗에게 보내 이르되 내가 랍바 곧 물들의 성읍을 쳐서 점령하였으니 28이제 왕은 그 백성의 남은 군사를 모아 그 성에 맞서 진 치고 이 성읍을 쳐서 점령하소서 내가 이 성읍을 점령하면 이 성읍이 내 이름으로 일컬음을 받을까 두려워하나이다 하니 29다윗이 모든 군사를 모아 랍바로 가서 그 곳을 쳐서 점령하고 30그 왕의 머리에서 보석 박힌 왕관을 가져오니 그 중량이 금 한 달란트라 다윗이 자기의 머리에 쓰니라 다윗이 또 그 성읍에서 노략한 물건을 무수히 내오고 31그 안에 있는 백성들을 끌어내어 톱질과 써레질과 철도끼질과 벽돌구이를 그들에게 하게 하니라 암몬 자손의 모든 성읍을 이같이 하고 다윗과 모든 백성이 예루살렘으로 돌아가니라

해석하기 | Interpreting

구속사로 생각하기

1. 다윗은 1년 동안 죄를 철저히 숨겼지만, 나단의 책망에 "내가 죄를 지었습니다. 나는 죄인입니다" 하고 즉시 회개합니다. 또한 문둥병을 치료하는 우슬초로 자신을 씻어 달라고 고백합니다(시 51:7). 다윗은 밧세바 간음 사건으로 내면의 악함을 철저히 직면하고 분수령적인 회개에 이릅니다. 나의 잘못을 시인하는 것이 회개의 시작입니다. 회개는 평생 계속되어야 할 삶의 방식입니다.

2. 내가 죄를 쉽게 생각하는 이유는 죄를 지어도 하나님이 용서해 주신다는 생각이 앞서기 때문입니다. 그러나 하나님은 죄를 미워하시기에 반드시 죄의 책임을 물으십니다. 다윗의 넘어짐은 원수에게 비방할 기회를 주는 것임에도 하나님은 그대로 지켜보시고, 죄의 대가로 태어난 아이가 죽게 하십니다. 하나님은 죄를 용서해 주셔도 죄의 값을 치르게 하심으로 죄의 참혹함을 깨닫게 하십니다.

3. 다윗은 주님의 징계를 수용합니다. 아이의 죽음에 절망하지 않고 하나님께 다시 나아가 예배를 드리며 진정한 사랑을 회복합니다. 그리하여 모든 사람이 손가락질하는 밧세바를 위로하고 그녀와의 사이에서 솔로몬을 낳습니다. 이것이 진정한 회개, 진정한 사랑입니다. 하나님은 솔로몬을 '여디디야'(여호와의 사랑을 입은 자)라고 부르시며 그분의 사랑을 보여 주십니다.

4. 하나님의 기름 부음 받은 자는 순종과 성결이 가장 중요합니다. 아무리 전쟁에서 승리하고 외적인 열매를 많이 맺어도 내적인 거룩이 없으면 아무런 소용이 없습니다. 그래서 우리는 예수님이 필요합니다. 내 힘으로 죄를 이길 수 없음을 인정하며 하나님께 나아가 회개하고, 예배를 중수하는 것이 내면의 성전을 굳건히 세우는 일입니다.

주제 본문 큐티 예시

사무엘하 12:13-31

내가 죄를 범하였나이다 중3 안지애

본문 요약

나단이 다윗의 죄를 고발하자 다윗은 곧 자기 죄를 시인합니다. 나단은 회개한 다윗에게 죄는 사해지겠지만 태어난 아들은 곧 죽을 것이라는 예언을 전합니다. 이에 다윗은 극심하며 아들을 살려 달라고 하나님께 기도하지만 일주일 만에 아이가 죽습니다. 다윗은 애통을 멈추고 밧세바를 위로하며 다시 아들을 얻습니다. 또한 랍바를 쳐서 정복합니다.

질문하기

1. 왜 다윗은 "내가 여호와께 죄를 범하였노라"고 고백했을까요? (13절)
2. 왜 다윗은 다시 랍바를 쳐서 정복했을까요? (29절)

묵상하기

저는 친구 욕심이 참 많습니다. 어딜 가든지 '내 편'인 친구가 꼭 있어야 직성이 풀리는 성격입니다. 제가 아주 좋아하는 다른 반의 한 친구가 있는데, 이 친구는 제 앞에서 먼저 자기의 전 남자 친구 이야기를 꺼내며 험한 욕을 할 정도로 전 남자 친구를 싫어했습니다. 그래서 저도 같이 욕을 해 주고 친구의 편을 들어 주었습니다. 그런데 어느 날 다른 친구가 얘기하기를, 그 친구가 자기 반에서는 그 전 남자 친구에게 먼저 다가가서 장난도 치고 엄청 재미있게 논다는 것입니다. 저는 그 말을 듣고 그동안 내 편이라 믿었던 친구에게 배신감을 느꼈고, '그럼 그동안 내 앞에서 그렇게 욕하고 화를 냈던 건 뭐였나, 내가 역성을 들며 동조해 준 건 뭔가' 하는 생각에 기분이 나빴습니다.

그래서 그 말을 들은 날, 집으로 돌아오는 길 내내 저는 그 친구와는 의도적으로 한마디도 하지 않고 다른 아이들하고만 웃고 떠들었습니다. 친구의 표정은 점점 어두워졌고 헤어질 때는 제 인사에 대답도 하지 않았습니다. 집에 돌아와서 그 친구의 표정을 생각하니 마음이 찜찜했습니다.

나단 선지자가 "당신이 그 사람이라"(12장 7절)고 정확히 죄를 지적하자 다윗은 "내가 여호와께 죄를 범하였노라"(13절)고 바로 죄를 시인합니다. 저는 '그 친구가 나를 속상하게 했다'고 속으로 화를 내면서, 저도 하굣길에 일부러 그 친구를 속상하게 만들었습니다. 그것에 대해 하나님이 말씀으로 "지애야, 네가 그 사람이다"라고 정확히 지적해 주시는 것 같았습니다. 그동안 '내 죄를 먼저 봐야 한다'는 말씀을 계속해서 들었음에도, 잠깐 그 친구가 내 편이 아닌 것 같아서 친구를 미워했던 제가 곧 하나님의 말씀을 업신여기고 하나님 보시기에 악을 행한 자와 같다는 생각이 들었습니다.

다윗이 나단 선지자의 책망을 듣고 바로 "내가 여호와께 죄를 범하였노라"(13절)고 회개했던 것처럼, 저도 말씀을 보며 하나님께 친구를 미워하고 원망했던 저의 죄를 회개합니다. 그리고 마음이 많이 불편했을 친구에게 저의 마음을 솔직하게 이야기하고 사과하며 관계를 회복하도록 노력하겠습니다(29절).

적용하기

- 그 친구에게 저의 마음을 솔직하게 이야기하고 사과하겠습니다.
- 친구 관계에 집착하는 저의 모습을 믿음의 공동체에 나누며 조언을 잘 듣겠습니다.

기도하기

책망을 들을 때, 다윗처럼 죄를 바로 시인하며 회개하는 제가 되길 원해요. 회개 후에 다시 제자리를 지키며 사명을 감당한 다윗처럼 저도 친구와 다시 화해하고 관계를 회복하며 하나님의 자녀로서의 사명을 감당할 수 있도록 도와주세요.

돌아보기 Nursing
주제 도서 읽고 나누기

- 『날마다 큐티하는 청소년』(김양재, QTM) 1장을 읽고 독후감을 작성해 보세요.

살아내기 Keeping
한 주의 실천 과제와 매일 큐티

- 아직까지 고백하지 못한 죄가 있다면, 하나님께 용서를 구하는 편지를 써서 고백해 보세요.
- 이번 한 주 큐티를 하며 기억나는 말씀을 나눠 보세요.

성구 암송과 교리 요약

1 하나님이여 주의 인자를 따라 내게 은혜를 베푸시며 주의 많은 긍휼을 따라 내 죄악을 지워 주소서 **2** 나의 죄악을 말갛게 씻으시며 나의 죄를 깨끗이 제하소서 **시편 51:1-2**

나의 잘못을 시인하는 것이 회개의 시작이며, 회개는 평생 계속되어야 할 삶의 방식입니다. 하나님은 죄를 용서해 주셔도 죄의 값을 치르게 하심으로 죄의 참혹함을 일깨우십니다. 하나님께 예배하며 내면의 성전을 굳건히 세워 나가는 것이 죄를 이기는 비결입니다.

06
믿음

구원에 이르는 믿음

THINK

06 | 믿음
- 구원에 이르는 믿음

마음 열기 Telling
마음을 열고 생각을 나누는 시간

- 감추고 싶은 부끄러운 비밀이 있나요?
- 지난 주일의 설교를 듣고 느낀 점을 나눠 보세요.

말씀 읽기 Holifying
주님을 만나는 묵상의 시간

믿음은 지정의 3요소가 모두 포함됩니다. 다시 말해 예수 그리스도가 죽은 자 가운데서 다시 살아나신 것을 말씀을 통해 알고, 받아들이며, 온전히 의지하는 것입니다. 특히 사건이 올 때 믿음의 현주소가 드러나게 되는데, 내 삶을 현실적으로 받아들이며 하나님이 찾아와 주시는 은혜를 경험하게 됩니다. 빚지고 원통한 사건은 하나님을 만나게 되는 사건이며, 내 고난이 다른 사람을 살리는 약재료로 쓰일 수 있음을 깨닫는 기회입니다. 그래서 고난은 축복입니다.

주제 본문

마가복음 5:25-34

25 열두 해를 혈루증으로 앓아 온 한 여자가 있어 **26** 많은 의사에게 많은 괴로움을 받았고 가진 것도 다 허비하였으되 아무 효험이 없고 도리어 더 중하여졌던 차에 **27** 예수의 소문을 듣고 무리 가운데 끼어 뒤로 와서 그의 옷에 손을 대니 **28** 이는 내가 그의 옷에만 손을 대어도 구원을 받으리라 생각함일러라 **29** 이에 그의 혈루 근원이 곧 마르매 병이 나은 줄을 몸에 깨달으니라 **30** 예수께서 그 능력이 자기에게서 나간 줄을 곧 스스로 아시고 무리 가운데서 돌이켜 말씀하시되 누가 내 옷에 손을 대었느냐 하시니 **31** 제자들이 여짜오되 무리가 에워싸 미는 것을 보시며 누가 내게 손을 대었느냐 물으시나이까 하되 **32** 예수께서 이 일 행한 여자를 보려고 둘러 보시니 **33** 여자가 자기에게 이루어진 일을 알고 두려워하여 떨며 와서 그 앞에 엎드려 모든 사실을 여쭈니 **34** 예수께서 이르시되 딸아 네 믿음이 너를 구원하였으니 평안히 가라 네 병에서 놓여 건강할지어다

해석하기 | Interpreting
구속사로 생각하기

1. 열두 해 동안 혈루증을 앓던 여인에게는 절박함이 있었습니다. 오랜 기간 외로움과 괴로움 가운데 지내다 예수님이 오신다는 소식을 들은 여인은 '옷에만 손을 대어도 나을 수 있다'는 간절한 믿음이 있었습니다. 내 마음속에 절박함이 있을 때 예수님의 말씀이 들립니다.

2. 누구에게나 '혈루의 근원'이 있습니다. 그 근원이 마르려면 예수님을 만나야 합니다. 예수님은 내가 말씀을 묵상할 때 만날 수 있습니다. 예수님의 옷자락에 손을 대는 마음으로 내가 간절하고 절박하게 주님을 찾으면 내 안의 미움과 불평, 외로움, 음란 등의 근원이 마르게 됩니다.

3. 예수님은 여인이 치유된 것을 아시고 "누가 내 옷에 손을 대었느냐?"고 물으십니다. 예수님은 그녀에게 인격적인 관계로 다가가십니다. 예수님은 그분을 향한 나의 태도가 무의식에서부터 나온 것인지 아니면 믿음에서 비롯된 것인지 궁금해 하십니다.

주제 본문 큐티 예시

마가복음 5:25-34

외모 콤플렉스의 혈루

청소년부 선배
유찬영

본문 요약

큰 무리가 예수님을 따라가는 중에 12년 동안 혈루증을 앓던 여인이 믿음으로 예수님의 옷에 손을 대자 곧 혈루의 근원이 마르고 병이 낫습니다. 예수님은 그녀에게 "딸아, 네 믿음이 너를 구원했으니 평안히 가라"고 말씀하십니다.

질문하기

1. 왜 혈루증 앓던 여인은 많은 괴로움을 받았을까요? (26절)
2. 왜 여인은 예수님의 옷에 손을 댔을까요? (27절)

묵상하기

혈루증을 앓아 삶의 모든 방면에서 제약을 받아온 여인처럼 저 또한 오랫동안 고치지 못한 것이 있는데 바로 낮은 자존감입니다. 스스로를 사랑하지 못하는 여러 이유 중에서도 가장 큰 이유는 '외모 콤플렉스'입니다.

어릴 때부터 식탐이 많고 운동은 싫어해서 가족과 친구들에게 "살 좀 빼라"는 말을 많이 들었습니다. 예쁜 옷을 입기는커녕 몸매가 드러나는 것이 싫어 두꺼운 옷을 여러 겹 껴입고 항상 어깨를 움츠리고 다녔습니다. 여드름도 많아 피부 상태가 많이 안 좋은 날은 사람들 눈을 쳐다보고 이야기하는 것조차

힘들었습니다. 이외에도 까만 피부, 곱슬머리, 작은 키 등 제 모습 중 무엇 하나 마음에 들지 않다 보니 부모님께 "나를 왜 이런 모습으로 낳았어?"라며 시도 때도 없이 원망을 쏟아 냈습니다. '사람들이 나를 어떻게 생각할까? 내 모습을 싫어하지 않을까?' 하는 마음이 들어 새로운 친구를 만나는 것도, 사람이 많은 곳에 가는 것도 너무 힘들었습니다. 다른 사람의 눈치를 지나치게 보면서 저 자신을 괴롭히고 점점 더 스스로를 위축시켰습니다(26절).

낮은 자존감으로 스스로를 괴롭히며 지내다가 교회에서 '아가서 강해'를 듣게 되었습니다. '내가 비록 검으나 아름다우니 게달의 장막 같을지라도 솔로몬의 휘장과도 같구나'(아 1:5)라는 말씀이 마음에 꽂혔습니다. 솔로몬 왕이 술람미 여인을 있는 그대로 사랑하듯이 제 외모와 상관없이 저를 사랑하시는 하나님을 알게 되었습니다. 그동안 무섭기만 했던 하나님의 따뜻한 사랑이 느껴지며 예수님을 인격적으로 만나게 되었습니다. 예수님의 소문을 듣고 무리 가운데 나아온 여인처럼(27절) 잘 이해가 되지 않아도 공동체에 붙어 있다 보니 말씀이 들려, 절박하게 예수님을 찾으면 회복되고 치유되리라는 믿음도 생겼습니다(29절).

멋진 모습으로 낳아 주지 못한 부모님을 원망했지만 믿음의 공동체에서 "좋은 부모, 나쁜 부모는 없고 예수 믿게 해 준 부모가 최고의 부모다"라는 말에 원망의 마음도 사라졌습니다. 오히려 하나님이 주신 육의 성전을 제대로 관리하지 않은 게을렀던 제 모습을 보게 되었습니다. 지금도 운동을 하지 않으면서 강박적으로 항상 "살을 빼야 한다"는 말만 입에 달고 살지만, 앞으로는 정말 하나님이 허락하신 육의 성전도 성실하게 가꾸겠습니다.

적용하기
- 게으름 피우지 않고 하루에 30분 이상 걷겠습니다.
- 부모님께 "예수님을 믿게 해 주셔서 감사합니다"라고 말하겠습니다.

기도하기
외모 콤플렉스로 스스로를 괴롭히며 부모님을 원망했던 제 혈루의 근원을 보게 해 주셔서 감사해요. 모든 노력이 실패로 끝난 상황에서도 주님의 옷자락을 만진 여인처럼 저도 이 문제를 가지고 절박하게 주님 앞에 나아갑니다. 저를 사랑하시는 하나님의 크신 사랑으로 제 혈루의 근원이 말라 외모 때문에 더 이상 슬퍼하지 않고 마음의 평안을 회복하길 원해요.

돌아보기 Nursing
주제 도서 읽고 나누기

- 『날마다 큐티하는 청소년』(김양재, QTM) 2장을 읽고 독후감을 작성해 보세요.

살아내기 Keeping
한 주의 실천 과제와
매일 큐티

- 나의 믿음을 온전하게 해 주시려고 허락하신 혈루증의 사건은 무엇인가요? 어떻게 이를 극복했는지, 극복할 수 있을지 함께 나눠 보세요.
- 이번 한 주 큐티를 하며 기억나는 말씀을 나눠 보세요.

성구 암송과 교리 요약

33 여자가 자기에게 이루어진 일을 알고 두려워하여 떨며 와서 그 앞에 엎드려 모든 사실을 여쭈니 **34** 예수께서 이르시되 딸아 네 믿음이 너를 구원하였으니 평안히 가라 네 병에서 놓여 건강할지어다 **마가복음 5:33-34**

믿음은 예수 그리스도가 죽은 자 가운데서 다시 살아나신 것을 말씀을 통해 알고, 받아들이며, 온전히 의지하는 것입니다. 누구에게나 '혈루의 근원'이 있습니다. 주를 향한 믿음으로 절박하게 주님을 찾을 때, 내 안의 미움과 불평, 외로움, 음란 등의 근원이 마르게 됩니다.

07
큐티

날마다 촉촉이 적셔 주는 이슬비

THINK

07 | 큐티
– 날마다 촉촉이 적셔 주는 이슬비

마음 열기 Telling
마음을 열고 생각을 나누는 시간

- 내게 여분의 24시간이 주어진다면 무엇을 제일 하고 싶나요?
- 지난 주일의 설교를 듣고 느낀 점을 나눠 보세요.

말씀 읽기 Holifying
주님을 만나는 묵상의 시간

큐티를 하며 날마다 말씀을 조금씩 씹어 먹다 보면 새로운 삶, 변화된 삶으로 나아가게 됩니다. 말씀과 함께 생각하는 훈련을 하기에 나의 부족함을 보게 되고, 하나님의 말씀에 진지하게 반응하며, 내가 하나님의 은혜가 필요한 존재임을 알게 됩니다. 매일의 큐티를 통해 내 욕심을 하나하나 가지치기해 나가다 보면 내가 얼마나 죄인인지 알게 되고, 나를 향한 하나님의 뜻도 알게 됩니다. 큐티는 일종의 프로그램이 아니라 날마다 해야 하는 삶의 과정입니다.

주제 본문

이사야 6:1-13

1 웃시야 왕이 죽던 해에 내가 본즉 주께서 높이 들린 보좌에 앉으셨는데 그의 옷자락은 성전에 가득하였고 **2** 스랍들이 모시고 섰는데 각기 여섯 날개가 있어 그 둘로는 자기의 얼굴을 가리었고 그 둘로는 자기의 발을 가리었고 그 둘로는 날며 **3** 서로 불러 이르되 거룩하다 거룩하다 거룩하다 만군의 여호와여 그의 영광이 온 땅에 충만하도다 하더라 **4** 이같이 화답하는 자의 소리로 말미암아 문지방의 터가 요동하며 성전에 연기가 충만한지라 **5** 그 때에 내가 말하되 화로다 나여 망하게 되었도다 나는 입술이 부정한 사람이요 나는 입술이 부정한 백성 중에 거주하면서 만군의 여호와이신 왕을 뵈었음이로다 하였더라 **6** 그 때에 그 스랍 중의 하나가 부젓가락으로 제단에서 집은 바 핀 숯을 손에 가지고 내게로 날아와서 **7** 그것을 내 입술에 대며 이르되 보라 이것이 네 입에 닿았으니 네 악이 제하여졌고 네 죄가 사하여졌느니라 하더라 **8** 내가 또 주의 목소리를 들으니 주께서 이르시되 내가 누구를 보내며 누가 우리를 위하여 갈꼬 하시니 그 때에 내가 이르되 내가 여기 있나이다 나를 보내소서 하였더니 **9** 여호와께서 이르시되 가서 이 백성에게 이르기를 너희가 듣기는 들어도 깨닫지 못할 것이요 보기는 보아도 알지 못하리라 하여 **10** 이 백성의 마음을 둔하게 하며 그들의 귀가 막히고 그들의 눈이 감기게 하라 염려하건대 그들이 눈으로 보고 귀로 듣고 마음으로 깨닫고 다시 돌아와 고침

을 받을까 하노라 하시기로 11내가 이르되 주여 어느 때까지니이까 하였더니 주께서 대답하시되 성읍들은 황폐하여 주민이 없으며 가옥들에는 사람이 없고 이 토지는 황폐하게 되며 12여호와께서 사람들을 멀리 옮기셔서 이 땅 가운데에 황폐한 곳이 많을 때까지니라 13그 중에 십분의 일이 아직 남아 있을지라도 이것도 황폐하게 될 것이나 밤나무와 상수리나무가 베임을 당하여도 그 그루터기는 남아 있는 것 같이 거룩한 씨가 이 땅의 그루터기니라 하시더라

해석하기 Interpreting
구속사로 생각하기

1. 웃시야는 나라를 훌륭하게 다스린 선한 왕이었습니다. 하지만 그가 죽고 나서야 이사야가 사명을 받게 됩니다. 웃시야 왕이 죽는 것은 인간의 위기를 기회로 바꾸시는 하나님의 역사입니다. 나의 웃시야가 죽을 때까지 하나님은 기다리십니다.

2. 이사야가 자신의 입술이 부정하다고 했을 때 하나님은 그의 입술을 거룩하고 깨끗하게 해 주십니다. 내가 먼저 죄를 고백할 때 하나님이 내 죄를 사해 주십니다. 죄를 용서받은 경험이 있어야 사명을 감당할 수 있습니다. 이사야가 입술이 부정한 자라고 고백한 것처럼, 내게 어떠한 죄가 있다고 고백하면 그 병든 부분을 하나님이 깨끗하게 고쳐 주십니다.

3. 이스라엘은 남겨진 십분의 일까지 황폐하게 될 정도로 악합니다. 결국 고난의 양이 차야 돌아오게 됩니다. 하지만 이런 일을 겪는 것이 하나님의 은혜입니다. 하나님의 말씀과 사명이 귀함을 알아야 하기에 하나님은 그들이 망하기까지 지켜보십니다.

4. 우리는 종종 눈에 보이는 풍성한 잎사귀와 열매만을 원합니다. 그러나 이 땅의 씨가 그루터기로 남아 있게 하시려고 땅이 황폐하게 되고 나무들이 베임을 당합니다. 그루터기는 남은 자를 의미합니다. 그루터기는 뿌리가 시냇가에 내려져 있기에 어떤 환경에서도 다시금 말씀으로 살아날 것입니다. 내가 비록 보잘것없는 그루터기라도 이 땅에서 복음을 전하도록 사명받은 남은 자임을 기억해야 합니다.

주제 본문 큐티 예시
이사야 6:1-13

줄타기 인생
중3 김희정

본문 요약

웃시야 왕이 죽던 해에 이사야는 성전에 가득한 하나님의 영광을 보고 "나는 입술이 부정한 사람이다"라고 고백합니다. 주님은 제단의 핀 숯으로 이사야의 죄를 사하시고 사명을 주십니다. 이 땅이 황폐해질 때까지 백성이 돌이키지 않겠지만 그루터기는 남아 있을 것입니다.

질문하기

1. 왜 웃시야 왕이 죽었다는 것을 언급했을까요? (1절)
2. 왜 하나님은 이사야를 보며 탄식하셨을까요? (8절)

묵상하기

이사야가 믿고 의지하던 웃시야 왕이 죽게 되자 이사야가 주께서 높이 들린 보좌에 앉으신 것을 보고(1절), 마침내 사명을 깨닫습니다(8절). 제가 믿고 의지하는 것은 돈입니다. 아빠가 한 직장에서 오래 근무하지 못하시고 자주 직장을 바꾸시다 보니 우리 다섯 식구가 아빠 월급으로 살기에 조금 불편합니다. 그래서 미래를 그릴 때도 하나님을 위해 일하고 쓰임받는 모습이 아닌, 돈을 잘 벌며 넉넉한 환경에서 사는 모습을 상상하며 공부합니다. '살아갈 수 있을 만큼 주신 것에 감사해야지' 하다가도 여유롭게 사는 친구들을 보면 저도 모르게 부러운 마음이 듭니다.

그리고 제가 의지하는 또 다른 한 가지는 친구입니다. 힘든 일이 생기거나 스트레스를 받을 때 하나님의 말씀을 들으려 하기보다 친구들과 놀고 수다 떨며 털어 냅니다. 초등학생 때부터 친했던 친구들과 헤어진 데다, 성격도 내성적이라 친구 사귀기가 어려웠습니다. 그때도 하나님을 의지하기보다 친구에게 매달리다 보니 질이 좋지 않은 친구들과 친해지게 됐습니다. 그런데 초등학교 때부터 친했던 그 친구는 그 무리의 친구들과 점점 더 깊이 친해졌습니다.

그 무리와 놀러 다니는 것에 죄책감이 들어 매일 밤 하나님께 기도하면서도 막상 친구들을 만나면 즐겼습니다. 그러다 또 마음이 불편하면 친구들을 만나지 않고 열심히 공부하기를 반복하면서 일 년 반 동안 하나님과 친구 사이에서 줄타기를 했습니다. 그 무리의 친구들과 관계를 그만두고 싶어도 친한 친구들이 없으니 망설이며, '남은 일 년 반만 잘 버티자'는 마음으로 지내던 어느 날이었습니다. 단짝 친구가 담배를 피우기 시작한 것입니다. 저는 너무 큰 충격을 받았습니다. 초등학생 때 친했던 친구들도 이 소식에 깜짝 놀랐습니다. 저는 그 친구를 생각할 때마다 마음이 어렵고 우울해졌습니다. 중학교에 입학할 때부터 가장 의지했던 친구였기에 이런 일이 벌어지리라고는 상상도 못 했기 때문입니다.

감사하게도 올해 초 교회에서 수련회를 다녀온 뒤, 하나님을 의지하고 말씀을 듣는 것이 무엇인지 조금씩 알아가고 있습니다. 단짝에게도 담배를 끊으라고 말했습니다. 들어도 깨닫지 못하는 백성처럼 금연과 흡연을 반복하는 그 친구를 볼 때마다 마음이 아픕니다(9절). 돈과 친구를 의지하는 저를 불쌍히 여기시고 용서해 주신 하나님의 은혜를 그 친구도 맛보길 기도합니다(7절). 친구를 주님 앞으로 인도하는 것을 제게 주신 사명이라 여기며(8절), 저 또한 다른 곳을 보지 않고 하나님의 목소리를 듣고 따르는 주의 그루터기가 되기를 소망합니다(13절).

적용하기

- 친구 생각에 우울해질 때마다 큐티책을 펴고 말씀을 보며 친구를 위해 기도하겠습니다.
- 친구에게 담배를 끊으라고 하고 《청소년 큐티인》을 선물하며 전도하겠습니다.

기도하기

하나님과 친구 사이에서 줄타기하며 두 마음을 품었던 죄를 고백해요. 제가 왕으로 삼고 의지하던 돈과 친구가 무너진 후에야 주님을 생각하는 저의 연약함을 불쌍히 여겨 주세요. 죄를 사하시는 주의 은혜를 기억하며 친구에게 복음을 전하고, 지금의 자리에서 사명 잘 감당하기를 원해요.

돌아보기 Nursing

주제 도서 읽고 나누기

- 『날마다 큐티하는 청소년』(김양재, QTM) 3장을 읽고, 독후감을 작성해 보세요.

살아내기 Keeping

한 주의 실천 과제와
매일 큐티

- 말씀에 순종하고자 적용해야 할 일을 정해서 실천해 보고 느낀 점을 나눠 보세요.
- 이번 한 주 큐티를 하며 기억나는 말씀을 나눠 보세요.

성구 암송과 교리 요약

1 복 있는 사람은 악인들의 꾀를 따르지 아니하며 죄인들의 길에 서지 아니하며 오만한 자들의 자리에 앉지 아니하고 **2** 오직 여호와의 율법을 즐거워하여 그의 율법을 주야로 묵상하는도다 **시편 1:1-2**

큐티는 날마다 말씀을 조금씩 씹어 먹는 훈련입니다. 말씀으로 나의 부족함을 보며 내가 하나님의 은혜가 필요한 존재임을 알게 되는 시간입니다. 내 욕심을 하나하나 가지치기하며 나를 향한 하나님의 뜻을 알아가는 시간이기에 날마다 해야 하는 삶의 과정입니다.

MEMO

08
간증

신앙고백과 간증

THINK

08 | 간증
– 신앙고백과 간증

마음 열기 | Telling
마음을 열고 생각을 나누는 시간

- 누군가에게 사랑을 고백한 적이 있나요?
- 지난 주일의 설교를 듣고 느낀 점을 나눠 보세요.

말씀 읽기 | Holifying
주님을 만나는 묵상의 시간

신앙고백은 하나님이 나를 어떻게 예수님 안으로, 구원의 복음으로 이끄셨는지 시인하는 것입니다. 하나님은 그분을 향한 나의 믿음을 사람들과 나눌 수 있도록 '간증'이라는 도구를 주셨습니다. 간증은 하나님을 믿어 세상에서 잘되었다고 자랑하는 것이 아닙니다. 죄와 죽음에서 나를 건져 주신 주님을 고백하고, 구원받아 변화된 나의 출애굽 이야기를 하는 것이 간증입니다. 간증은 내 죄악 된 자아가 죽고 회개함으로 나를 구원하신 하나님을 찬양하는 십자가의 노래이자 구원의 노래입니다.

주제 본문

누가복음 5:1-11

1무리가 몰려와서 하나님의 말씀을 들을새 예수는 게네사렛 호숫가에 서서 2호숫가에 배 두 척이 있는 것을 보시니 어부들은 배에서 나와서 그물을 씻는지라 3예수께서 한 배에 오르시니 그 배는 시몬의 배라 육지에서 조금 떼기를 청하시고 앉으사 배에서 무리를 가르치시더니 4말씀을 마치시고 시몬에게 이르시되 깊은 데로 가서 그물을 내려 고기를 잡으라 5시몬이 대답하여 이르되 선생님 우리들이 밤이 새도록 수고하였으되 잡은 것이 없지마는 말씀에 의지하여 내가 그물을 내리리이다 하고 6그렇게 하니 고기를 잡은 것이 심히 많아 그물이 찢어지는지라 7이에 다른 배에 있는 동무들에게 손짓하여 와서 도와 달라 하니 그들이 와서 두 배에 채우매 잠기게 되었더라 8시몬 베드로가 이를 보고 예수의 무릎 아래에 엎드려 이르되 주여 나를 떠나소서 나는 죄인이로소이다 하니 9이는 자기 및 자기와 함께 있는 모든 사람이 고기 잡힌 것으로 말미암아 놀라고 10세베대의 아들로서 시몬의 동업자인 야고보와 요한도 놀랐음이라 예수께서 시몬에게 이르시되 무서워하지 말라 이제 후로는 네가 사람을 취하리라 하시니 11그들이 배들을 육지에 대고 모든 것을 버려 두고 예수를 따르니라

해석하기 Interpreting
구속사로 생각하기

1. 예수님은 고기 잡던 베드로, 야고보, 요한의 빈 배를 먼저 보시고 찾아가십니다. 주님은 우리의 열등감을 자극하지 않으시면서도 합리적인 방법으로 다가오십니다. 우리도 이렇게 실패하여 힘든 사람에게 먼저 다가가야 합니다. 실패로 절망한 지체들을 찾아가 말씀을 전해야 합니다.

2. 베드로는 그물이 찢어지도록 고기를 잡게 하시는 기적 앞에서 죄인임을 고백합니다. 우리는 원하던 돈이 생기고, 성적이 오르고, 좋은 학교에 합격해도 내 죄를 보고 회개해야 합니다. 베드로가 예수님을 부르는 호칭이 '선생'에서 '주'로 달라졌듯이 예수님이 '나의 주님'으로 바뀌면 불필요한 것들을 가지치기하며 변화되는 삶을 살게 됩니다.

3. 베드로가 예수님을 만나서 사명을 받은 것처럼 우리도 예수님을 만나면 '야망'이 '소망'이 됩니다. 무엇보다 고난을 통해 사명을 찾아야 합니다. 질병을 고쳐 주시는 것도, 성적이 오르고, 좋은 친구를 사귀게 하시는 것도 모두 예수님을 따르게 하시려는 것입니다.

주제 본문 큐티 예시

누가복음 5:1-11

사명으로 가득 찬 나의 배

청소년부 선배
김혁중

본문 요약

밤이 새도록 수고했으나 고기 한 마리도 잡지 못한 베드로의 빈 배에 예수님이 오르십니다. 예수님은 베드로에게 깊은 데로 가서 그물을 내리라 명하시고 베드로는 말씀에 의지하여 그물을 내립니다. 이에 그물이 찢어질 정도로 많은 고기가 잡히자 놀란 베드로는 죄인임을 고백하며 모든 것을 버리고 예수님을 따릅니다.

질문하기

1. 왜 베드로는 밤새 수고해도 아무것도 잡은 고기가 없었을까요? (5절)
2. 왜 예수님은 베드로에게 "이제는 네가 사람을 취하리라"라고 말씀하셨을까요? (10절)

묵상하기

어린 시절을 돌이켜 보면, 저는 공부를 좋아했고 비전과 목표가 확실했으며 늘 특별해지기를 바라던 아이였습니다. 초등학생 때는 연예인과 만화책을 좋아하는 친구들을 이해하지 못했고, 또래들과 달리 늘 역사책과 과학책을 옆구리에 끼고 다니곤 했습니다. 부모님은 제가 평범하게 자라기를 원하셨지만,

저는 좋아하는 일 한 가지에만 열중하는 외골수 아이였습니다. 그러다 보니 친구들과의 관계가 어려워 외로운 어린 시절을 보내야 했습니다. 부모님은 그런 제가 또래들을 무시하고 교만해질까 봐 저를 자주 훈계하곤 하셨습니다.

그런데 몇 달 전, 갑자기 저는 어린 시절 저를 이해해 주지 않고 혼내기만 하셨던 부모님에게 서운한 감정을 느꼈습니다. 주위 환경 때문에 제 안에 잠재된 능력을 다 드러내지 못하고 저 자신을 억눌러 왔다는 생각이 들었기 때문입니다. 그 생각에 한번 사로잡히니 주체할 수 없는 분노가 생겼습니다. 저는 '나는 더 잘될 수 있었는데, 그렇지 못한 것은 가족이 나를 인정해 주지 않아서야'라는 생각에 사로잡혀 가족뿐 아니라 하나님도 미웠습니다.

그런데 똑똑하지만 친구들과의 관계가 어려운 한 교회 친구의 사정을 듣고 함께 이야기를 나누면서 제가 겪어온 일들이 점차 해석되었습니다. 그 친구는 또래 친구들과 관심사가 달라서 늘 부딪쳤고, 부모님이 바라는 모습과 자신이 되고 싶은 모습이 달라 고민하고 있었습니다. 이야기를 나눌수록 저와 닮아 있는 그 친구가 저의 어린 시절을 떠올리게 했습니다. 저는 그 친구의 마음을 진심으로 공감하며 위로해 주었습니다. 그리고 제 이야기를 듣고 기분이 한결 나아 보이는 친구를 보며 제가 누군가에게 위로가 되어 줄 수 있다는 생각에 감사했습니다.

밤새 수고했지만 아무것도 잡은 것이 없는 시몬이 예수님의 말씀에 의지하여 그물을 내렸더니 어마어마한 물고기를 잡았습니다(5-6절). 이 말씀이 저에게는 '이제는 누군가가 네 수고, 네 능력을 알아주길 바라는 인생을 내려놓고, 너와 같은 상처를 가진 친구들을 위로하고 살리라'는 주의 말씀으로 들렸습니다. 그리고 나니 말씀처럼 제 배가 잠길 정도의 사명이 제 눈에 보였습니다. 제일 먼저 생각난 것은 제가 맡은 중등부 학생이었습니다. 학업 스트레스로 자신감을 잃은 학생인데, 하나님의 말씀과 저의 어린 시절 이야기를 바탕으로 그 학생을 잘 공감해 주어야겠다는 다짐을 하게 되었습니다. 이 학생뿐만 아니라 저와 같은 학창 시절을 겪고 있는 친구들이 많을 것이란 생각이 듭니다. 앞으로는 그런 친구들을 살리는, 사람을 취하는 제가 되기를 소망합니다(10절). 제 생각에 사로잡혀 고기가 잘 잡히지 않는다고 평생 떼를 쓰다가 죽을 인생이었는데, 말씀으로 삶을 해석하게 하셔서 저를 인도해 주신 하나님, 사랑합니다.

적용하기
- 제가 위로해 주었던 그 친구에게 자주 연락하면서 격려해 주겠습니다.
- 학업 스트레스가 심한 중등부 학생에게 제 이야기를 나누어 주겠습니다.

기도하기
말씀에 순종하여 깊은 데에 그물을 내린 베드로처럼, 실패를 거듭할 때에 말씀이 제게 힘이 되기를 원합니다. 사람을 위로하며 살리는 사명으로 부르시는 주의 말씀에 순종하여, 사람들에게 인정받기를 바라는 마음을 내려놓고 힘들어하는 사람들을 공감하고 위로하며 주를 따르는 제가 되도록 도와주세요.

돌아보기 | Nursing
주제 도서 읽고 나누기

- 『효과적인 간증』(데이브 도슨, 네비게이토)을 읽고, 독후감을 작성해 보세요.

살아내기 | Keeping
한 주의 실천 과제와 매일 큐티

- 나의 출애굽 이야기를 간증문으로 작성해 보세요.
- 이번 한 주 큐티를 하며 기억나는 말씀을 나눠 보세요.

성구 암송과 교리 요약

시몬 베드로가 이를 보고 예수의 무릎 아래에 엎드려 이르되 주여 나를 떠나소서 나는 죄인이로소이다 하니 **누가복음 5:8**

신앙고백은 하나님이 나를 어떻게 구원으로 이끄셨는지 시인하는 것이며, 간증은 나의 신앙고백을 사람들과 나누는 것입니다. 간증은 죄악 된 내 자아가 죽고 회개함으로 나를 구원하신 하나님을 찬양하는 십자가의 노래요, 구원의 노래입니다.

과제물 점검표 '하나님 앞에서'

과제	주제 큐티	주일 설교	독서물	생활 숙제	매일 큐티	성구 암송
01						
02						
03						
04						
05						
06						
07						
08						

MEMO

THINK 청소년양육 1 과제 목록표

8주 공통	주중 큐티	일주일 모두 느낀 점 다섯 줄 이상 쓰기
	주제 큐티	질문 2개 이상 쓰고, 그것에 따른 묵상, 적용까지 쓰기 – 최대한 구체적으로
	주일 중등부 설교 노트	청소년부 주일 설교 듣고 요약이 아닌 필기 및 느낀 점 쓰기 (A4용지 1장 이상 11p 자간 160)

주차	주제 큐티 및 성구 암송	독후감	생활 숙제	부모 숙제
1주차	창조 보시기에 좋았더라 (창 1:1-5, 26-31) 〈암송〉 창 1:31	「천로역정」 (존 버니언, 포이에마, 2011) 1-3장	'하나님이 보시기에 좋았더라'의 삶을 위해 학생과 자녀로서 한 주간 적용할 것을 구체적으로 적고 지키기	「문제아는 없고 문제 부모만 있습니다」 (김양재, 두란노)
2주차	인간의 타락과 그 결과 100% 죄인인 인간 (롬 3:9-20) 〈암송〉 롬 3:10-12	「천로역정」 (존 버니언, 포이에마, 2011) 4-7장	내가 흔히 범하는 죄의 목록을 생각나는 대로 모두 적고, 그것들을 어떻게 끊어낼 것인지 구체적으로 쓰고 보이는 곳에 붙여놓기	
3주차	구속 영혼 구원을 위한 십자가 (요 19:17-30) 〈암송〉 요 19:30	「천로역정」 (존 버니언, 포이에마, 2011) 8-11장	십자가에 못 박아야 할 나의 죄악 된 모습을 구체적으로 나누기	「사랑받고 사랑하고」 (김양재, QTM)
4주차	부활 나는 죽고 주가 살고 (마 28:1-10) 〈암송〉 마 28:5-6	「천로역정」 (존 버니언, 포이에마, 2011) 12-15장	내 삶에 갑자기 찾아온 두려운 사건에서 부활하신 예수님을 어떻게 전할 수 있을지 나누기	
5주차	죄 고백 나를 살리는 회개 (삼하 12:13-31) 〈암송〉 시 51:1-2	「날마다 큐티하는 청소년」 (김양재, QTM) 1장	아직까지 고백하지 못한 죄에 대해 하나님께 용서를 구하는 편지를 써서 고백하기	
6주차	믿음 구원에 이르는 믿음 (막 5:25-34) 〈암송〉 막 5:33-34	「날마다 큐티하는 청소년」 (김양재, QTM) 2장	나의 믿음을 온전하게 해 주시려고 허락하신 혈루증의 사건이 무엇인지 나누기	「가정아 살아나라」 (김양재, QTM)
7주차	큐티 날마다 촉촉이 적셔 주는 이슬비 (사 6:1-13) 〈암송〉 시 1:1-2	「날마다 큐티하는 청소년」 (김양재, QTM) 3장	말씀에 순종하고자 적용해야 할 일을 정해서 실천해 보고 그 느낀 점을 말하기	
8주차	간증 신앙고백과 간증 (눅 5:1-11) 〈암송〉 눅 5:8	「효과적인 간증」 (데이브 도슨, 네비게이토)	나의 출애굽 이야기를 간증문으로 작성하기	
공지 사항	매주 6개의 과제를 성의껏 작성하세요. 그리고 청소년부 홈페이지 '제자훈련' 부분에 숙제를 올리고, 각자 출력하여 가져오세요. 나눔을 위하여 출력이 꼭 필요합니다. 그리고 양육받은 후, 선생님께 제출해 주세요. 기본적으로 모든 숙제는 A4 1장 이상, 글씨크기 11p, 자간 160입니다. 결석 2회시 자동 탈락입니다. 부모님은 3권의 책을 읽고 독서 보고서를 제출하셔야 합니다. (어머니, 아버지 각각 할 것) 모두 이수하셔야 아이와 함께 수료가 됩니다.			

성구암송

01 창조 - 보시기에 좋았더라

창 1:31 하나님이 지으신 그 모든 것을 보시니 보시기에 심히 좋았더라 저녁이 되고 아침이 되니 이는 여섯째 날이니라

02 인간의 타락과 그 결과 - 100% 죄인인 인간

롬 3:10-12 기록된 바 의인은 없나니 하나도 없으며 깨닫는 자도 없고 하나님을 찾는 자도 없고 다 치우쳐 함께 무익하게 되고 선을 행하는 자는 없나니 하나도 없도다

03 구속 - 영혼 구원을 위한 십자가

요 19:30 예수께서 신 포도주를 받으신 후에 이르시되 다 이루었다 하시고 머리를 숙이니 영혼이 떠나가시니라

04 부활 - 나는 죽고 주가 살고

마 28:5-6 천사가 여자들에게 말하여 이르되 너희는 무서워하지 말라 십자가에 못 박히신 예수를 너희가 찾는 줄 내가 아노라 그가 여기 계시지 않고 그가 말씀 하시던 대로 살아나셨느니라 와서 그가 누우셨던 곳을 보라

05 죄 고백 - 나를 살리는 회개

시 51:1-2 하나님이여 주의 인자를 따라 내게 은혜를 베푸시며 주의 많은 긍휼을 따라 내 죄악을 지워 주소서 나의 죄악을 말갛게 씻으시며 나의 죄를 깨끗이 제하소서

06 믿음 - 구원에 이르는 믿음

막 5:33-34 여자가 자기에게 이루어진 일을 알고 두려워하여 떨며 와서 그 앞에 엎드려 모든 사실을 여쭈니 예수께서 이르시되 딸아 네 믿음이 너를 구원하였으니 평안히 가라 네 병에서 놓여 건강할지어다

07 큐티 - 날마다 촉촉이 적셔 주는 이슬비

시 1:1-2 복 있는 사람은 악인들의 꾀를 따르지 아니하며 죄인들의 길에 서지 아니하며 오만한 자들의 자리에 앉지 아니하고 오직 여호와의 율법을 즐거워하여 그의 율법을 주야로 묵상하는도다

08 간증 - 신앙고백과 간증

눅 5:8 시몬 베드로가 이를 보고 예수의 무릎 아래에 엎드려 이르되 주여 나를 떠나소서 나는 죄인이로소이다 하니

THINK 청소년양육 1

초판 발행일 | 2019년 3월 23일
개정증보 2쇄 | 2024년 5월 10일
지은이 | 큐티엠

발행인 | 김양재
편집인 | 송민창
편집위원 | 정지훈 최대규 최성준 정찬형 정연욱
편집 | 정지현 김윤현 정연욱 진민지 고윤희 이은영
디자인 | 디브로㈜
일러스트 | 송소영

발행처 | 큐티엠
주소 | 경기도 성남시 분당구 판교공원로길 22, 4층 큐티엠 (우)13477
편집 문의 | 070-4635-5318 **구입 문의** | 031-707-8781
팩스 | 031-8016-3193
홈페이지 | www.qtm.or.kr **이메일** | books@qtm.or.kr
인쇄 | ㈜신우디앤피
총판 | ㈔사랑플러스 02-3489-4300

ISBN | 979-11-89927-08-0 44230
979-11-89927-07-3 (세트)

Copyright 2019. QTM. All rights reserved.

이 책은 저작권법에 따라 보호받는 저작물이므로 무단 전재와 복제를 금합니다.
이 책에 실린 글과 그림, 사진의 모든 저작권은 큐티엠에 있으므로
큐티엠의 사전 서면 동의 없이 복제 내지 전송 등 어떤 형태로도 사용할 수 없습니다.

잘못된 책은 구입하신 곳에서 바꿔드리며, 책값은 뒤표지에 있습니다.

큐티엠(QTM, Question Thinking Movement)은 '날마다 큐티'하는 말씀묵상 운동을 통해
영혼을 구원하고, 가정을 중수하고, 교회를 새롭게 하는 일에 헌신합니다.

이 도서의 국립중앙도서관 출판예정도서목록(CIP)은 서지정보유통지원시스템 홈페이지(http://seoji.
nl.go.kr)와 국가자료종합목록 구축시스템(http://kolis-net.nl.go.kr)에서 이용하실 수 있습니다.
(CIP제어번호 : CIP2019039895)